DÉCRETS DU 7 FÉVRIER 1890

FIXANT LES RÈGLES D'ALLOCATION ET LES TARIFS

des

HAUTES PAYES

DANS

les équipages de la flotte, l'infanterie et l'artillerie de marine.

PARIS	LIMOGES
11, Place Saint-André-des-Arts	46, Nouvelle route d'Aixe, 46

HENRI CHARLES-LAVAUZELLE

Éditeur militaire.

—

1890

# HAUTES PAYES DE LA MARINE

DÉCRETS DU 7 FÉVRIER 1890

FIXANT LES RÈGLES D'ALLOCATION ET LES TARIFS

des

HAUTES PAYES

DANS

les équipages de la flotte, l'infanterie et l'artillerie de marine.

PARIS | LIMOGES
11, Place Saint-André-des-Arts | 46, Nouvelle route d'Aixe, 46

Henri CHARLES-LAVAUZELLE

Editeur militaire.

—

1890

RAPPORT

AU PRÉSIDENT DE LA RÉPUBLIQUE FRANÇAISE

Paris, le 7 février 1890.

Monsieur le Président,

La loi du 15 juillet 1889, sur le recrutement de l'armée, accorde aux caporaux et soldats qui se rengagent dans l'armée de terre ou dans les troupes de la marine, des avantages pécuniaires qui n'existaient pas jusqu'à ce jour et dont l'importance est considérable.

Ainsi, d'après l'article 63 de cette loi, les rengagements dans l'armée de terre des militaires dont il s'agit donnent droit. dorénavant, au payement d'une prime dont la valeur a été fixée par un décret du 5 octobre 1889, rendu sur la proposition du Ministre de la Guerre. En outre, les ayants droit reçoivent, à partir du jour de leur rengagement, des hautes payes dont la quotité, également déterminée par le décret précité, est notablement supérieure, pour les caporaux, à celle qu'avait établie le décret du 30 novembre 1872, sur les rengagements dans l'armée de terre.

Pour les troupes de la marine, les avantages

consentis en faveur des rengagés sont naturellement encore plus importants.

Aux termes de l'article 65, ces militaires touchent d'abord une prime de rengagement, puis des gratifications annuelles, et, enfin, des hautes payes augmentées de trois ans en trois ans.

Quant au corps des équipages de la flotte, la nouvelle loi militaire a seulement spécifié, dans le dernier paragraphe de l'article 65, que les rengagements des quartiers-maîtres et marins provenant du recrutement donneraient droit aux mêmes avantages pécuniaires que ceux qui sont accordés aux inscrits maritimes.

Si donc l'on maintenait les choses en l'état, il en résulterait que les hommes des équipages, rengagés ou réadmis, qui, eu égard aux conditions particulièrement pénibles du service dans ce corps, ont, à juste titre, toujours reçu des allocations très notablement supérieures à celles qui étaient accordées aux militaires des armées de terre ou de mer, se trouveraient aujourd'hui beaucoup moins bien traités que leurs camarades de l'arme'.

Une pareille situation aurait pour conséquence immédiate d'arrêter presque complètement le recrutement des équipages, rendu déjà assez difficile par suite de certaines dispositions de la loi du 15 juillet 1889 : — réduction à trois ans de la durée du service militaire ; — suppression de l'avantage précédemment fait aux marins de passer directement dans la réserve de l'armée territoriale à l'expiration de leur temps de service dans la réserve de l'armée active.

Il me paraît donc indispensable d'améliorer, parallèlement à ce qui s'est fait dans l'armée de terre et dans les troupes de la marine, le traitement des quartiers-maîtres et marins rengagés ou réadmis, de manière à laisser subsister l'écart qui a toujours existé entre leur solde totale et celle des militaires de l'infanterie de marine.

Après avoir mûrement examiné cette question, j'ai pensé que la meilleure solution consisterait à augmenter, pour les quartiers-maîtres et les matelots, la quotité des trois chevrons, actuellement fixée par le décret du 29 septembre 1886 sur la solde des équipages de la flotte, l'accroisement de ces hautes payes restant échelonné de cinq ans en cinq ans.

Il importe de remarquer que, même dans ces conditions, les quartiers-maîtres auront encore moins touché, du fait de leurs rengagements, au bout de quinze ans de service, que les caporaux des troupes de la marine.

En vue de réaliser la mesure que je viens d'indiquer, j'ait fait préparer le projet de décret ci-joint, que j'ai l'honneur de soumettre à votre haute sanction, après avoir pris l'avis du conseil d'amirauté.

Je vous prie d'agréer, monsieur le Président, l'hommage de mon profond respect.

Le sénateur, Ministre de la Marine,
E. BARBEY.

Le Président de la République française,
Vu la loi du 15 juillet 1889 sur le recrutement de l'armée ;

Vu le décret du 5 juin 1883 portant réorganisation du corps des équipages de la flotte;

Vu le décret du 29 septembre 1886 sur la solde, l'administration et la comptabilité du corps des équipages de la flotte;

Sur le rapport du sénateur, Ministre de la Marine;

Le conseil d'amirauté entendu,

Décrète :

Art. 1er. — Le tarif n° 20 annexé au décret du 29 septembre 1886, sur la solde des équipages de la flotte, est remplacé par le suivant :

Tarif n° 20.

Hautes payes journalières d'ancienneté (chevrons).

HAUTES PAYES pour ANCIENNETÉ DE SERVICE	MARINS DE L'INSCRIPTION MARITIME ET DU RECRUTEMENT					
	OFFICIERS MARINIERS et quartiers-maîtres			MARINS		
	Nette	3 p. 100.	Budgétaire.	Nette.	3 p. 100.	Budgétaire
Après 5 ans......	0.30	0.009	0.309	0.30	0.009	0.309
Après 10 ans.....	0.50	0.015	0.515	0.35	0.011	0.361
Après 15 ans.....	1.00	0.031	1.031	0.50	0.015	0.515

Art. 2. — Les hautes payes fixées par l'article précédent seront allouées, à partir du 1ᵉʳ janvier 1890, aux officiers-mariniers, quartiers-maîtres et marins, au fur et à mesure que les intéressés réuniront les conditions exigées pour obtenir soit le premier, soit le second, soit le troisième chevron.

Art. 3.— Le Ministre de la Marine est chargé de l'exécution du présent décret.

Fait à Paris, le 7 février 1890.

CARNOT.

Par le Président de la République :

Le sénateur, Ministre de la Marine,
E. BARBEY.

RAPPORT

AU PRÉSIDENT DE LA RÉPUBLIQUE FRANÇAISE

Paris, le 7 février 1890.

Monsieur le Président,

L'article 60 de la loi du 15 juillet 1889, sur le recrutement de l'armée, porte que les engagements volontaires d'une durée de cinq ans, au titre des troupes de la marine, donnent droit, pendant les deux dernières années, à une prime dont le montant doit être fixé par décret.

L'article 65 de la même loi dispose que, dans les troupes de la marine, les premiers rengagements des caporaux ou brigadiers et soldats donnent droit à une prime payée au moment de la signature de l'acte et à des gratifications annuelles ; que le montant des primes est réglé par décret.

Les rengagements ultérieurs ne donnent droit qu'aux gratifications annuelles.

Pour l'application de ces dispositions et en tenant compte du service particulier des troupes de la marine, j'estime que la prime à attribuer aux engagements volontaires d'une durée de cinq ans pourrait être fixée à 100 francs pour chacune des quatrième et cinquième années.

Les rengagements de deux, trois et cinq ans entraîneraient, comme au département de la Guerre, l'allocation de primes dont le montant serait respectivement de 200, 300 et 600 francs.

Enfin les gratifications annuelles, qui constituent des avantages pécuniaires spéciaux aux troupes d'infanterie et d'artillerie de marine, pourraient être de 100, 130 et 160 francs, selon qu'il s'agit d'un rengagement de deux, trois ou cinq ans.

D'autre part, l'article 65 précité accorde aux caporaux, brigadiers et soldats rengagés des hautes payes journalières dout le taux est augmenté de trois en trois ans.

La valeur desdites hautes payes serait fixée ainsi qu'il suit, en tenant compte de la progression triennale :

Caporaux ou brigadiers : 0 fr. 24, 0 fr. 30, 0 fr. 35, 0 fr. 38.

Soldats ou canonniers : 0 fr. 18, 0 fr. 23, 0 fr. 27, 0 fr. 30.

En raison des fatigues du service colonial, le montant des hautes payes devrait être doublé dans nos possessions d'outre-mer et dans les pays de protectorat.

Les brigadiers, caporaux et soldats rengagés ou commissionnés dans les conditions des lois antérieures seraient appelés à bénéficier du nouveau tarif des hautes payes.

Si vous approuvez ces différentes mesures, j'ai l'honneur de vous prier de vouloir bien donner votre sanction au projet de décret ci-joint.

Veuillez agréer, monsieur le Président, l'hommage de mon profond respect.

Le sénateur, Ministre de la Marine,

E. BARBEY.

Le Président de la République française,

Vu la loi du 15 juillet 1889, sur le recrutement de l'armée ;

Vu le décret du 28 janvier 1890, sur les engagements et rengagements dans les troupes de la marine ;

Sur le rapport du Ministre de la Marine,

Décrète :

Art. 1er. — Les jeunes gens qui ont été admis à contracter dans les troupes de la marine des engagements volontaires d'une durée de cinq ans reçoivent, au premier jour de la quatrième et de la cinquième année, une prime de 100 fr.

Art. 2. — Les caporaux ou brigadiers et les soldats ou canonniers des troupes de la marine, après six mois de service, les militaires de l'armée de terre dans leur dernière année de service, les hommes appartenant à la réserve, qui contractent un premier rengagement, ont droit à une prime et à des gratifications annuelles.

Cette prime, qui est payable immédiatement après la signature de l'acte, est fixée ainsi qu'il suit :

Pour un rengagement de deux ans, 200 fr.

Pour un premier rengagement de trois ans, 300 fr.

Pour un rengagement de 5 ans, 600 fr.

Les gratifications annuelles sont déterminées comme suit :

Pour un rengagement de deux ans, 100 fr.
Pour un rengagement de trois ans, 130 fr.
Pour un rengagement de cinq ans, 160 fr.

Art. 3. — Après un premier rengagement, les rengagements ultérieurs donnent droit seulement aux gratifications annuelles.

Art. 4. — La valeur des hautes payes qui, dans les troupes de la marine, sont allouées seulement dans les positions donnant droit à la solde de présence, est fixée comme suit :

GRADES	1re HAUTE PAYE — de 3 à 6 ans de services.	2e HAUTE PAYE — de 6 à 9 ans de services.	3e HAUTE PAYE — de 9 à 12 ans de services.	4e HAUTE PAYE — de 12 à 15 ans de services.
Caporaux ou brigadiers	0.24	0.30	0.35	0.38
Soldats ou canonniers......	0.18	0.23	0.27	0.30

Art. 5. — Le montant des hautes payes est doublé dans nos possessions d'outre-mer et dans les pays de protectorat, pour toutes les journées donnant droit à la solde dans la colonie.

Art. 6. — Le tarif fixé par l'article 4 sera rendu applicable à compter du 1er janvier 1890 aux caporaux, brigadiers et soldats qui sont rengagés et commissionnés en vertu des lois antérieures des 27 juillet 1872 et 15 décembre 1875.

Art. 7. — Toutes les dispositions antérieures contraires au présent décret sont et demeurent abrogées.

Art. 8. — Le sénateur, Ministre de la Marine, est chargé de l'exécution du présent décret.

Fait à Paris, le 7 février 1890.

CARNOT.

Par le Président de la République :

Le sénateur, Ministre de la Marine,
E. BARBEY.

Paris et Limoges. — Imp. milit. Henri CHARLES-LAVAUZELLE.